시적인 필사

김종연 지음

지은이 김종연

1991년 서울에서 태어났다. 2011년《현대시》신인추천작품상, 2014년 대산대학문학상(시)을 수상하며 작품 활동을 시작했다. 시집으로《월드》,《검은 양 세기》가 있다. 박인환 문학상을 수상했다.

시는 늘 삶의 조용한 구석에서 먼저 말을 걸어왔다. 그 작은 목소리에 귀 기울이며, 누군가의 하루에 조용히 손을 얹는 글을 쓰고 있다.

디자인
권성민

천천히 쓰며
나의 마음을 키우는

시적인
필사

김종연
지음

필름

목차

들어가는 마음

슬플 때는 시를 읽었습니다. 슬픔이 무엇인지 알게 되기 때문입니다. 기쁠 때도 시를 읽었습니다. 기쁨이 무엇인지 알게 되기 때문입니다.

한밤중 한 사람이 앉아 있는 책상을 생각하고, 거기 가만히 켜져 있는 희미한 불빛을 생각합니다. 얼굴까지는 밝히지 못하는 빛이지만 손에 그림자 정도는 만들 수 있겠습니다. 그럴 때는 혼자 그림자놀이라도 해보는 겁니다. 벽에 강아지, 새, 나비 같은 존재들을 잠시 불러냈다가 다시 돌려보내는 아주 조용한 놀이입니다.

그러고는 다시 숨을 깊이 들이마셔 봅니다. 이제 더 미룰 수도 없어서, 종이 한 장과 펜 한 자루를 두고 의자에 가만히 기대 눈을 감고 있는 그 사람을 바라봅니다. 들키고 싶지 않으면서 끝내 들키고 싶은 그런 마음, 그 사람 아니라 누구라도 한 번쯤 가져본 적이 있겠습니다.

한 사람에게는 언제나 그림자와 빛이 함께합니다. 그래서 가끔은 따뜻하고, 가끔은 서늘하기도 합니다. 그리고 여기에 시가 있습니다. 시는 그림자에 대해서도, 빛에 대해서도 말하지 않습니다. 다만 시는 그림자로 빛을 보여주고, 빛으로 그림자를 그려보게 합니다. 아니, 사실은 그렇지도 않습니다.

시에서는 빛과 그림자가 서로 다르지 않습니다. 모두가 한 사람의 마음입니다. 시에서는 한 사람의 마음이 전부입니다.

돌보는 마음에 대해 생각합니다. 우리가 여기서 이렇게 만날 수 있다는 것. 누군가 당신을 오래도록 돌봐주었다는 뜻입니다. 그리고 언제나 가장 어려웠던 건, 다름 아닌 자기 자신을 돌보는 일이었을 겁니다.

저는 시를 읽으며 나를 돌보는 마음을 배웠고, 시를 쓰면서 타인을 돌보는 마음을 알았습니다. 그리고 한 가지 더 알게 된 사실이 있습니다. '시'는 무엇을 쓰는가가 아니라, 무언가를 쓰는 일 자체에 깃드는 마음을 부르는 단어라는 것을요.

필사, 그것은 시를 따라 쓰는 일이지만 오롯이 그것만이 필사는 아닐 거예요.

어느 어린 시절 잠에서 깨어났을 때 아무도 없는 거

실에 쏟아져 들어오던 햇빛, 누군가의 손을 잡고 아장아장 걷다가 여기가 어떤 세계인지 문득 알아차려 버렸던 순간, 꿈인지 기억인지 알 수 없을 정도로 강렬하게 떠오르는 어느 교실의 찬란,

그리고 그 모든 순간이 모여 만들어진 여러분의 지금까지.
이것이 여러분이 발견하게 될 시의 마음이자,
여러분의 손으로 새로 쓰이게 될 내일의 시입니다.

그러니 너무 빠르게 지나치지는 마세요. 아주 천천히, 여러분의 호흡에 맞춰서, 아주 깊은 곳까지 생각의 닻을 내려보세요. 바다에는 우리가 알 수 없는 여러 깊이가 있으니 멈춰보는 자리마다 새로움이 가득할 겁니다. 가장 깊은 곳에 닿는 그 순간이 여러분의 중심입니다.

그런 자리에서는 잠시 정박을 해두고 주변을 둘러보세요. 지금껏 당연한 배경이었던 풍경이 여러분에게 더욱 많은 세계를 보여줄 거예요. 그래요, 이 여행은 떠나온 곳으로 돌아가지 않아도 되는 여행입니다.

지금 여기가 여러분의 집이고 여러분이 찾아낸 마음입니다.

한 글자 한 글자 따라 쓰다가 잘못 쓴 글자도, 엇나가는 글씨도 모두 시입니다. 이 한 권을 닫는 순간 여러분은 어느새 자신만의 시인이 되어 있을 겁니다.

별빛과 별그림자를 모두 세어보는 마음으로,
슬픔과 기쁨을 모두 알아보는 마음으로,

시집,
지금 그 집의 문을 열어봅니다.

1장

일상의 깊이를
쓰다

다 그린 그림 위에 새 그림을 덧그리듯이

우리의 일상은 알아볼 수 없게 지워지기도 하지만,

또 언제나 지워지는 만큼 그려지기도 하는 것.

일상; 날마다 반복되는 생활

오늘 하루는 어떠셨나요? 그렇다면 내일은 어떨까요? 이미 모든 하루가 정해졌나요? 어제와 오늘, 그리고 내일 사이에서 흔들리는 메트로놈이 된 기분으로 일상에 정박하고 있나요?

세미 콜론; 독립된 두 문장을 연결하기 위해서 존재하는 문장 부호.

그것은 마침표를 찍을 수도, 쉼표를 찍을 수도 없는 세계 앞에서 고뇌하던 한 인쇄업자의 상상에서 시작됐습니다.

지난날로 돌아가고자 모두가 오래된 꿈을 꾸던 르네상스 시대에 홀로 미래를 상상하는 사람의 마음은 얼마나 외로웠을까요.

그때로부터 오백 년이 더 지난 지금,
우리는 우리의 일상에서 그 외로움을 이해합니다.

우리는 오래전 외로운 상상이 만들어낸 지금을 살고,
우리가 느끼는 외로움은 또한 누군가 살아갈 다음을 상
상하는 마음이라는 사실을요.

날마다 반복된다는 것은, 그래요, 우리가 날마다 살아
있다는 뜻이기도 할 거예요. 새벽이면 우리의 세계가
날마다 우리와 함께 눈을 비비며 잠에서 깨어나고, 아
직 잠들지 못한 사람의 등을 도닥여주기도 하면서,

깨우는 일과 재우는 일 사이 어딘가에서 시작되는 우리
의 일상이 있습니다.

그러니 어느 하나 놓치지 마세요.
반복을 반복하기.
우리의 미래와 사랑은 여기에서 시작합니다.

01

그러니까 그 나이였어… 시가
나를 찾아왔어. 몰라, 그게 어디서 왔는지,
모르겠어, 겨울에서인지 강에서인지.
언제 어떻게 왔는지 모르겠어,
아냐, 그건 목소리가 아니었고, 말도
아니었으며, 침묵도 아니었어,
하여간 어떤 길거리에서 나를 부르더군,
밤의 가지에서,
갑자기 다른 것들로부터,
격렬한 불 속에서 불렀어,
또는 혼자 돌아오는데,
그렇게, 얼굴 없이
그건 나를 건드리더군.

파블로 네루다, 〈시〉

02

흰 셔츠 윗주머니에
버찌를 가득 넣고
우리는 매일 넘어졌지

높이 던진 푸른 토마토
오후 다섯 시의 공중에서 붉게 익어
흘러내린다

우리는 너무 오래 생각했다
틀린 것을 말하기 위해
열쇠 잃은 흑단상자 속 어둠을 흔든다

우리의 사계절
시큼하게 잘린 네 조각 오렌지

터지는 향기의 파이프 길게 빨며 우리는 매일매일

진은영, 〈우리는 매일매일〉
《우리는 매일매일》, 문학과지성사, 2008.

03

여름이 가고 있다 물론 뜨거웠다

여름이 가고 있다 물론 비가 많이 왔지

여름 내내 그는 아름다운 지팡이의 끝으로 흙바닥에 뭔가를
적어보려 했습니다

여름이 가고 있다 여념이 없었지

여름이 가고 있다 뭐였을까

신해욱, 〈여름이 가고 있다〉 중 일부
《무족영원》, 문학과지성사, 2019.

04

웃어라, 너와 함께 세상이 웃을 테니,
울면, 너 혼자 울게 되리라.
이 낡고 슬픈 세상에 즐거움을 빌려와야 하나,
고통은 이미 가진 것만으로도 충분하니까.
노래를 부르면 언덕들이 따라 부르나,
한숨을 쉬면 허공에 흩어질 뿐.
메아리는 기쁜 소리와 함께 뛰놀지만,
근심 깃든 소리는 그저 멀리할 뿐.

엘라 윌콕스, 〈고독〉

05

별 하나에 추억과
별 하나에 사랑과
별 하나에 쓸쓸함과
별 하나에 동경과
별 하나에 시와
별 하나에 어머니, 어머니
어머님, 저는 별 하나에
아름다운 말 한마디씩 불러 봅니다.

프랑시스 잠, 〈별 헤는 밤〉

06

달팽이 뿔 위에서 무엇을 다투는가?
부싯돌의 불꽃처럼 짧게 사는 것이거늘.
풍족한 대로, 부족한 대로, 즐겁게 살자.
하하 웃지 않는 것은 바보 같은 일.

백거이, 〈술잔을 들며〉

07

저 아래 그늘진 푸른 풀숲에,
얌전하게 자란 제비꽃 한 송이.
굽은 줄기에 머리를 떨구고 있네,
마치 사람의 눈을 피하려는 듯이.

밝고 아름다운 이 예쁜 꽃은
장미 정원을 우아하게 장식했을 텐데,
거기 숨어 있는 것보다.

그래도 그 꽃은 활짝 피어 행복하네,
겸손한 색깔로 단장하고,
달콤한 향기를 퍼뜨리지.
고요한 그늘 속에.

그래서 난 계곡으로 가리라.
이 예쁜 꽃을 보러,
제비꽃처럼 달콤하고, 겸손하게
나 또한 자라는 것을 배우기 위해.

제인 테일러, 〈제비꽃〉

08

날마다 술탄의 공주가
하얀 물결이 찰랑이는
분수대 옆을 거닐었다.

날마다 젊은 노예도
분수대 옆에 서 있었다.
창백하게 야위면서.

어느 날 공주가 그에게
다가가 물었다

네 이름을 알고 싶노라.
네 고향과, 너의 종족도.

노예는 말했다.

저는 예멘에서 온 모하멧입니다.
저의 종족은 사랑을 하면 죽고 마는,
아스라입니다.

하인리히 하이네, 〈아스라〉

09

늙게 되어도, 난 괴롭지 않을 거예요.
불타듯 달빛이 비치는 파도는
은빛 뱀처럼 날 물지 않을 거예요.
세월은 날 슬프고 차갑게 할 거예요.
깨어지는 건 행복한 가슴이에요.

가슴은 삶이 줄 수 있는 것보다 더 많은 것을 요구하네요.
그것을 알게 될 때, 모든 것을 알게 되지요.
파도는 겹겹이, 마치 보석처럼 부서지지만
아름다움 그 자체는 붙잡을 수 없네요.
늙게 되어도, 난 괴롭지 않을 거예요.

사라 티즈데일, 〈달빛〉

10

당신은 나를 보면 왜 늘 웃기만 하셔요
당신의 찡그리는 얼굴을 좀 보고 싶은데
나는 당신을 보고 찡그리기는 싫어요
당신은 찡그리는 얼굴을
보기 싫어하실 줄을 압니다
그러나 떨어진 도화가 날아서 당신의
입술을 스칠 때에 나는 이마가
찡그려지는 줄도 모르고 울고 싶었습니다
그래서 금실로 수놓은 수건으로
얼굴을 가렸습니다.

한용운, 〈당신은〉

11

수선화들은 파도보다 더 생생한 모습으로 춤을 췄다.
이러한 즐거운 동행자들이 있으니
시인의 마음은 가벼울 수밖에 없었다.
나는 보고 또 보았지만, 그 모습이 내게
얼마나 값진 걸 가져다주었는지를 몰랐다

지금도 가끔 침대에 누워 있을 때면,
마음속에 수선화가 스친다, 고독의 기쁨이 되어.
그러면 나의 마음은 기쁨으로 가득 차
수선화와 함께 춤을 춘다.

윌리엄 워즈워스, 〈수선화〉 중 일부

12

오다가다 길에서 만난 이라고,
그저 보고 그대로 갈 줄 아는가.

뒷산은 청청 풀 잎사귀 푸르고,
앞바단 중중 흰 거품 밀려 든다.

산새는 죄죄 제 흥을 노래하고,
바다엔 흰 돛 옛 길을 찾노란다.

자다 깨다 꿈에서 만난 이라고,
그만 잊고 그대로 갈 줄 아는가.

십리 포구 산 너먼 그대 사는 곳,
송이송이 살구꽃 바람과 논다.

수로 천리 먼먼 길 왜 온 줄 아나,
예전 놀던 그대를 못 잊어 왔네.

김억, 〈오다가다〉

13

어떤 영혼들은 푸른 별들을 갖고 있다.
시간의 갈피에 끼워 놓은 아침들을,
그리고 꿈과 도란거리는
노스텔지어가 있는 정결한 구석들을.

또 다른 영혼들은 열정의 환영 때문에 괴로워한다.
벌레 먹은 과일들, 그림자의 흐름처럼 멀리서 들려오는
타버린 목소리의 메아리.
슬픔이 없는 기억들, 입맞춤의 부스러기들.

내 영혼은 오래 익어왔다. 그것은 시든다.
영문도 없이 어두운 채 환각에 침식당한
어린 돌들은 내 생각의 물 위에 떨어진다.
모든 돌은 말하고 있다, "신(神)은 멀리 계시다".

페데리코 가르시아 로르카, 〈어떤 영혼들은〉

14

나는 태양에게 따뜻한 인사를 건넨다
그리고 내 안에서 흐르던 부드러운 강에게도
그리고 내 오랜 꿈들을 품어온 구름에게도

또한, 정원에 있는 사시나무들에게도
그리고 매번 건조한 시기에 나를 마중 나오며
수많은 일출과 일몰을 견딘 그들의
아프지만 우아한 성장에게도

또한, 나에게 밭의 밤공기를 선물로
가져왔던 한 떼의 까마귀들에게도
또한, 내 늙은 모습을 하고 거울 속에
살고 있던 나의 어머니에게도

또한, 내 반복되는 욕망 속에서 자신의
뜨거운 열기를 푸른 씨앗으로 채웠던 땅에게도
나는 또다시 이들 모두에게 인사할 것이다

포루그 파로흐자드, 〈나는 태양에게 다시 인사하겠다〉 중 일부

15

언제나 다시 시작되는 투쟁에 대해,
형편없는 모든 결과에 대해,
발을 끌며 걷는 내 주위의 추한 군중에 대해,
공허하고 쓸모없는 여생에 대해,
나를 얽매는 그 남은 시간에 대해,
그 질문, 오, 나여! 반복되는 너무나 슬픈
이것들 속에서 어떤 의미를 찾을 수 있는가?
오 나여, 오 삶이여!

정답.
네가 바로 여기에 있다는 것, 삶이 존재하고 자신이 존재한
다는 것,
화려한 연극은 계속되고, 그리고 너 또한 한 편의 시가 된다
는 것.

월트 휘트먼, 〈오 나여! 오 삶이여!〉 중 일부

Q. 당신의 일상은 지금 어떠신가요?

- 가끔은 맥박처럼, 가끔은 음악처럼 흐르는
  일상의 소중함을 적어보세요.

Q. 반복된다는 것은 당신에게 어떤 의미로 다가오나요?

- 어제와 오늘처럼 가끔은 지루한가요?
아니면 오늘과 내일처럼 매번 새로운가요?

2장

장소의 깊이를
쓰다

당신과 내가
낯선 곳에서 만나기로 한다면
그곳은 어느새
우리의 장소가 되어 있습니다.

특별히 기억에 남는 장소가 있나요?
그곳에서는 누구와 함께였나요?

당신은 지금 어디에 있나요?

어린 시절 저는 겁이 많은 아이였습니다. 익숙한 자리에 서서 투명한 벽에라도 가로막힌 것처럼 저 너머 낯선 자리를 바라보곤 했어요. 작은 침대에 누우면 냉장고 돌아가는 소리도, 초침이 째깍대는 소리도, 바람에 창문이 흔들리는 소리도 모두 무서워서 이불을 쥔 손에 자꾸만 힘이 들어가곤 했죠.

그때 바깥에는 온갖 무서운 것들이 다 모여 있었습니다.

하지만 이제는 알게 되었어요. 그 모든 것들은 사실 방문 바깥으로 한 걸음만 내디디면 모두 사라져버릴 연약한 상상들이었다는 걸요.

장소의 깊이는 바로 그 자리에서 시작됩니다.

눈에 보이는 것보다 보이지 않는 것들에서, 지나간 시절

부터 앞으로의 시절까지 볼 수 없는 것들에서, 어느 날 거실 소파에 앉아 아이가 되었다가, 노인도 되었다가, 어리둥절한 채로 나로도, 너로도 한 번씩 살아보면서.

너무 가득해서 오히려 텅 비어 있는 공간에 우리의 기억이 더해질 때,
그곳은 비로소 장소가 됩니다.

우리의 장소에는 언제나 당신을 기다리고 있는 우리가 있습니다.
만나면 반갑게 인사해 주세요.

당신을 오래 기다리고 있었으니까요.

16

끝이라 생각한 곳에서 다시 바다가 나타나고
길이 나타나고 여수였다

너의 얼굴이 완성되고 있었다
이 도시를 사랑할 수밖에 없음을 깨닫는다
네 얼굴을 닮아버린 해안은
세계를 통틀어 여기뿐이므로

표정이 울상인 너를 사랑하게 된 날이
있었다 무서운 사랑이
시작되었다

서효인, 〈여수〉 중 일부
《여수》, 문학과지성사, 2017.

17

내 고장 칠월은
청포도가 익어 가는 시절

이 마을 전설이 주저리주저리 열리고
먼 데 하늘이 꿈꾸려 알알이 들어와 박혀,

하늘 밑 푸른 바다가 가슴을 열고
흰 돛단배가 곱게 밀려서 오면,

내가 바라는 손님은 고달픈 몸으로
청포를 입고 찾아온다고 했으니,

내 그를 맞아 이 포도를 따 먹으면
두 손은 함뿍 적셔도 좋으련.

아이야 우리 식탁엔 은쟁반에
하이얀 모시 수건을 마련해 두렴.

이육사, 〈청포도〉

18

눈 속에 작고, 검은 무엇인가 있어요.
슬픈 목소리로 굴뚝 쑤셔요! 쑤셔요! 외치며
엄마와 아빠는 어디 계시니? 말해보렴?
두 분 다 기도하러 교회에 가셨어요.

풀 무성한 황야에서 제가 즐거워하고,
겨울 눈 속에서 미소 지었더니.
엄마와 아빠가 제게 죽음의 옷을 입혀 주고,
슬픈 가락의 노래를 가르쳐 주셨어요.

그리고 제가 행복하게 춤추고 노래 부르니
엄마와 아빠는 제게 어떤 상처도 주지 않은 줄 알고
하느님과 사제와 임금님을 찬양하러 가셨어요.
우리들의 비참으로 천국을 만든 그분들을.

윌리엄 블레이크, 〈굴뚝 청소부〉

19

거리에 비가 내리듯 내 마음에도 눈물이 난다.
가슴속 깊이 스며들고 있는 이 슬픔은 무엇일까?

대지 위로, 지붕 위로, 빗소리가 속삭인다.
아, 울적해진 이 가슴에 비가 내리는 소리여!

역겨운 내 마음
이유도 없이 흐르는 눈물
웬일일까! 누가 배반한 것도 아닌데.
이 슬픔에는 이유가 없다.

사랑도, 미움도 없이,
내 마음은 왜 이리 아픈지.
이유조차 모르는 슬픔이
가장 괴로운 슬픔인 것을.

폴 베를렌, 〈거리에 비가 내리듯〉

20

창 앞의 나팔꽃 넝쿨이 흔들릴 때
스쳐가는 바람이 한숨짓는 정도면
그 푸른 잎 뒤에 있는 내가
한숨짓는 줄 알아주세요.

그대 뒤에서 나직한 소리가 날 때
그대 이름을 멀리서 부르는 정도면
쫓아오는 그림자 속에 있는 내가
그대를 부른 걸로 알아주세요.

깊은 밤에 가슴이 이상하게도 설레고
불타는 입김을 입술에 느끼신다면
눈에는 보이진 않지만 그대 바로 곁에
내 입김이 서린다고 알아주세요.

구스타보 아돌포 베케르, 〈창 앞의 나팔꽃 넝쿨이〉

21

버드나무 정원 아래에서 나와 내 사랑은 만났지.
작고 눈처럼 흰 발로 그녀는 정원을 지나며,
나무에서 나뭇잎이 자라는 것처럼,
사랑을 쉽게 받아들이라고 말했지.
그때 나는 젊고 어리석었던 까닭에
그녀의 말에 동조하지 않았지.

강가의 풀밭에서 나와 내 사랑은 서 있었지.
기울어진 내 어깨 위에 그녀는 흰 손을 얹으며
언덕 위에 풀들이 자라는 것처럼,
인생을 쉽게 받아들이라고 말했지.
그때 나는 젊고 어리석었던 탓에
지금 내 눈에는 눈물만 가득하지.

윌리엄 예이츠, 〈버드나무 정원 아래에서〉

22

나는 첫눈 속을 거닌다,
힘찬 은방울꽃들로 가득 찬 마음
푸른 촛불처럼 별이
나의 길 위에 불을 붙였다.

나는 그것을 알지 못한다. 빛인지 어둠인지,
무성한 숲속에서 노래하는 것이 바람인지 수탉인지.
어쩌면 들판 위에 겨울 대신에
백조들이 풀밭에 내려앉는 것이리라.

오 흰 설원이여! 너는 아름답다.
가벼운 추위가 내 피를 뜨겁게 만든다!

세르게이 예세닌, 〈나는 첫눈 속을 거닌다〉 중 일부

23

살구나무 그늘로 얼굴을 가리고, 병원 뒤뜰에 누워, 젊은 여자가 흰 옷 아래로 하얀 다리를 드러내 놓고 일광욕을 한다. 한나절이 기울도록 가슴을 앓는다는 이 여자를 찾아오는 이, 나비 한 마리도 없다.
슬프지도 않은 살구나무 가지에는 바람조차 없다.

나도 모를 아픔을 오래 참다 처음으로 이곳에 찾아왔다.
그러나 나의 늙은 의사는 젊은이의 병을 모른다. 나에게는 병이 없다고 한다.
이 지나친 시련, 이 지나친 피로, 나는 성내서는 안 된다.

여자는 자리에서 일어나 옷깃을 여미고 화단에서 금잔화(金盞花) 한 포기를 따 가슴에 꽂고 병실 안으로 사라진다.
나는 그 여자의 건강이, 아니 내 건강도 속히 회복되기를 바라며 그가 누웠던 자리에 누워 본다.

윤동주, 〈병원〉

24

아, 차가운 안개가 깔린
이 골짜기의 밑바닥에서
내가 나갈 길을 찾는다면
아, 얼마나 행복할까!
저기 아름다운 언덕은,
영원히 젊고 영원히 푸르른 곳!
내가 도리깨를 가졌다면,
내가 날개를 가졌다면,
나는 그 언덕으로 가겠건만.

프리드리히 실러, 〈그리움〉 중 일부

25

아득한 나라 바닷가에는 아이들이 모였습니다.
그림같이 고요한 하늘 아래
물결이 쉴 새 없이 남실거립니다.
아득한 나라 바닷가에는
소리치며 뛰는 아이들이 모였습니다.

모래성을 쌓는 아이, 조개껍데기를 줍는 아이,
마른 나뭇잎으로 배를 접어
웃으면서 바다로 보내는 아이,
모두 바닷가에서 재미나게 놉니다.

그들은 모릅니다.
헤엄칠 줄도, 고기잡이할 줄도.
진주를 캐러 온 사람은 물로 들어가고
상인들은 돛을 벌려 오가는데,
아이들은 조약돌을 모으고 또 던집니다.

라빈드라나트 타고르, 〈바닷가에서〉 중 일부

26

나비야, 너에게 이름을 준 이 사람에게
무슨 일이 벌어지고 있는지 와서 좀 보렴
그는 이팝나무 꽃잎들로 고치를 짓고 있구나
그 고치가 그의 안전가옥이구나
아름다움으로는 허기가 사라지지 않는구나

정한아, 〈이팝나무 꽃〉 중 일부
《올프 노트》, 문학과지성사, 2018.

27

푸른 바다가 구슬 바다를 적시고
푸른 난새는 오색 난새에 기대네
아리따운 연꽃 스물일곱 송이
붉은 꽃은 떨어지고 서릿달은 차갑구나

허난설헌, 〈몽유광상산〉

28

좋든 나쁘든 모든 것이 죽어버린 방들
그중 우리가 죽은 듯 누워 있는 방이 있다
매일 아침 우리는 깨어나고, 다시 잠든다
햇빛 아래서, 빗속에서 갈수록
조용해지고, 탁해지는 어떤
다른 침대 위에서 있는 것처럼

샬롯 뮤, 〈방들〉

29

몽블랑은 여전히 높은 곳에서 빛난다.
끝없이 펼쳐진 풍경과 소리,
수많은 삶과 죽음을 만들어내는,
고요하고도 장엄한 힘이다.

생각을 지배하고, 천국까지 닿는
장엄한 힘의 비밀이 눈 위에 있다
인간의 침묵과 고독이 허무하다면
그대는, 지구와, 별과, 바다는 다 무엇이란 말인가?

퍼시 비시 셸리, 〈몽블랑〉 중 일부

30

바다는 오늘 밤 평온하다.
밀물은 가득하고, 달이 아름답다.
프랑스의 해안에는 불빛이
빛나더니 이내 꺼졌고,
영국의 절벽에는 잔잔한 만이
장엄한 모습으로 빛나고 있다.

창가로 가보세요, 밤공기가 달콤하니!
달빛에 젖은 땅과 바다가 만나,
물보라가 길게 일어나는 그곳에서,
들어보세요. 파도가 밀려 나갔다 다시 들이칠 때,
해변으로 깊숙이 밀어 올리는 자갈들이
서로 부딪치며 울리는 소리를.

시작하고, 멈추고, 그리고 다시 시작하는
느릿한 그 떨리는 운율이,
영원한 슬픔의 선율을 가져온다.

매슈 아널드, 〈도버 해안〉 중 일부

31

여보소, 공중에
저 기러기
공중에 길 있어서 잘 가는가?

여보소, 공중에
저 기러기
열 십자 복판에 내가 섰소.

갈래갈래 갈린 길
길이라도
내게 바이 갈 길은 하나 없소.

김소월, 〈길〉 중 일부

32

백지위에한줄기철로가깔려있다. 이것은식어들어가는마음
의도해다. 나는매일허위를담은전보를발신한다. 명조도착
이라고. 또나는나의일용품을매일소포로발송하였다. 나의
생활은이런재해지를닮은거리에점점낯익어갔다.

이상, 〈거리〉

33

공중에는 달과 별의 길이 있습니다.
강가에서 낚시질하는 사람은 모래 위에
발자취를 냅니다.
들에서 나물 캐는 여자는 방초(芳草)를 밟습니다.
악한 사람은 죄의 길을 좇아갑니다.
의(義) 있는 사람은 옳은 일을 위하여
칼날을 밟습니다.
서산에 지는 해는 붉은 놀을 밟습니다.
봄 아침의 맑은 이슬은 꽃머리에서
미끄럼 탑니다.
그러나 나의 길은 이 세상에 둘밖에 없습니다.
하나는 님의 품에 안기는 길입니다.
그렇지 아니하면 죽음의 품에 안기는 길입니다.

한용운, 〈나의 길〉 중 일부

Q. 당신의 마음속에 가장 선명히 남아 있는 장소는 어디인가요?

- 그곳에서는 어떤 냄새, 소리, 온도가
당신을 붙잡고 있나요?

Q. 그 장소는 지금도 여전히 똑같은가요?

– 과거의 당신과 지금의 당신은
그 장소를 어떻게 바라보고 있나요?

3장

감각의 깊이를
쓰다

처음 본 빛처럼, 처음 들은 목소리처럼

익숙함이 다시 태어나는 순간,

감각은 우리가 잊고 있던 시간을 불러내

다시 한번, 지금의 당신과 나를 완성합니다.

한 번 켜지고 나면
마지막까지 끌 수 없는 빛이 있습니다.

바로 사람입니다.

사람은 단 한 순간도 쉬지 않고 빛없는 사물들을 비추
며 그것들에 이름을 붙여주곤 해요.

모자,
구름,
모서리,
도그지어,
눈썹,

어느 구름 낀 새벽 문 열린 빵집에서 풍겨오는 갓 구운
빵 냄새, 한겨울 만두 가게에서 뿜어져 나오는 증기 한
가운데를 지나는 사람들……

아주 작은 모래알부터 지구까지 우리가 발 딛고 사는

돌의 세계를 바라보면서
자연에서 검은 동물보다 수명이 짧다는 흰 동물을 바라
보면서

교실에 놓인 소화기와 버스에 달린 망치를 보며 우리에
게 아직 일어나지 않은 일을 상상하고,
또 누군가에게는 이미 일어나버린 일이 되어버렸을 때

우리는 모여 앉아 눈물을 나누거나 가만히 눈을 감아보
기도 하면서
서로의 익숙한 얼굴이 다시 낯설어질 때까지

눈과 코와 입,
그리고 귀까지

하나하나 처음부터 다시 매만져 봅니다.
이 모든 것이 사실 낯설었다는 걸,
이 세상에 당연한 것은 하나도 없었다는 걸 당연하게
다시 깨닫기 위해서.

이번에는 우리 마주 앉아볼까요?
새로운 당신을 발명해 보려고요.

34

재물은 가벼이 여길 뿐이고,
사랑은 비웃어 넘기네.
명예에 대한 열망은 한낱 꿈일 뿐,
아침 햇살과 함께 사라지고 말았지.

내 입술을 움직이게 하는 단 하나의 기도는
"지금의 이 마음을 놓아주고
나에게 자유를 주소서!"라는 말뿐.

그래, 빠르게 흘러가는 내 생이
그 끝에 가까워질수록
내가 바라는 것은 오직 이것.
삶과 죽음 속에서도 사슬 없는 영혼,
견뎌낼 용기를 지닌 영혼이어라.

에밀리 브론테, 〈나이든 스토아주의자〉

35

이 시가 너를 살렸어
이 문장이 이 시를 살렸어
이 단어가 이 문장을 살렸어

네가 이 단어를 살렸어
네가 물속 깊이 잠겨 있던
이 단어를, 하나의 넋을 건져 올렸어

너와 말은 공생한다
힘들이지 않아서 힘들고
보잘것없어서 대단한

아름다운 공회전

오은, 〈구원〉 중 일부
《유에서 유》, 문학과지성사, 2016.

36

가장 훌륭한 시는 아직 쓰이지 않았다.
가장 아름다운 노래는 아직 불리지 않았다.
최고의 날들은 아직 살지 않은 날들.
가장 넓은 바다는 아직 항해되지 않았고,
가장 먼 여행은 아직 끝나지 않았다.
불멸의 춤은 아직 끝나지 않았으며,
가장 빛나는 별은 아직 발견되지 않은 별.

무엇을 해야 할지 더 이상 알 수 없을 때,
그때 비로소 진정한 무엇인가를 할 수 있다.

어느 길로 가야 할지 더 이상 알 수 없을 때,
그때가 진정한 여행의 시작이다.

나짐 히크메트, 〈진정한 여행〉

37

숲으로 갔네, 그렇게 나 혼자서.
아무것도 찾지 않는 것 그게 내 뜻이었지.

그늘 속에서 보았지, 작은 꽃 한 송이.
별처럼 빛나며 눈동자처럼 아름다웠네.

내가 꺾으려 하자, 꽃이 가냘프게 말했네.
절 시들도록 굳이 꺾어야겠어요?

나는 조심스레 그 작은 뿌리를 파내어,
아름다운 집의 뜰로 날라 왔네.

그러고는 다시 심었네, 조용한 곳에.
이제 그 꽃 자꾸 가지 뻗어,
그렇게 계속 꽃 피고 있네.

요한 볼프강 괴테, 〈발견〉

38

하나의 모래알 속에서 세계를 보고,
하나의 들꽃 속에서 천국을 본다.
손바닥 안에 무한을 거머쥐고,
순간 속에서 영원을 붙잡는다.

윌리엄 블레이크, 〈순수를 꿈꾸며〉

39

매일 밤 악몽이 계속되는 것. 악몽을 흔들어 깨우기 위해서
는 계속 잠들어야 한다는 것. 눈을 뜨면 낯선 손이 등을 쓰
다듬고 있는 것. 생시까지 따라온 것. 얼룩말에 검은색을 칠
하는 크레용이 되는 것. 다음에 맞을 차례라는 예감을 만들
어내는 것. 낯선 곳에 혼자 있게 되는 것. 엄지와 검지를 쉴
새 없이 부딪치는 것. 폐쇄한 출구를 못 찾는 것. 느닷없이
싱싱한 나무가 되는 상상으로 이동하는 것. 두 손과 두 발을
흔들며 인파 속을 헤치는 것. 모퉁이에서 접히는 시늉을 하
는 것. 최종의 구원은 슬픔이라는 고전적 정의를 놓아보는
것. 모닥불을 피우는 스카우트 단원이 되는 것. 도깨비불을
보는 것. 불과 짐승이 만든 그림자에게 울며 비는 것. 조아리
는 것. 계속 고아가 되겠다는 맹세를 하며 탈출을 시도하는
것.

이원, 〈얼룩말은 불행하다는 관점〉
《나는 나의 다정한 얼룩말》, 현대문학, 2018.

40

봄날이 차가워 겨울 옷을 꿰맸는데,
사창에 햇빛이 비치고 있네.
머리 숙여 손길 가는 대로 맡겼는데,
구슬 같은 눈물이 실과 바늘에 적시는구나.

이매창, 〈나를 한탄하며〉

41

봄가을 없이 밤마다 돋는 달도
예전엔 미처 몰랐어요.

이렇게 사무치게 그리울 줄도
예전엔 미처 몰랐어요.

달이 암만 밝아도 쳐다볼 줄을
예전엔 미처 몰랐어요.

이제금 저 달이 설움인 줄은
예전엔 미처 몰랐어요.

김소월, 〈예전엔 미처 몰랐어요〉

42

캄캄한 깊은 잠이
내 삶 위에 떨어진다.

잠들어라, 모든 희망아.
잠들어라, 모든 욕망아!

이젠 아무것도 보이지 않는다.
선과 악의 기억마저 사라진다.
오, 내 슬픈 이력아!

나는 어느 지하실의
허공 속에서 어느 손에

흔들리는 요람.
침묵, 침묵!

폴 베를렌, 〈캄캄한 깊은 잠이〉

43

어디에 이 내부를 감싸는 외부가 있을까?
어떤 상처 위에 이 부드러운 삼베를 올려두었을까?

활짝 열린 장미의, 근심 없는 장미의
내부에는 어떤 하늘이 비춰질까?

보라, 마치 떨리는 어떤 손이라도
무너뜨릴 수 없을 것처럼
장미는 흐드러지게 피었네.

스스로를 견디지 못하는 장미의
가득 찬 내부에서 여름의 나날이 넘쳐 나오고,
점점 풍요해지는 그 속으로 흘러들어 간다,

여름 전체가 방 하나가 될 때까지,
꿈속에 있는 방이 될 때까지.

라이너 마리아 릴케, 〈장미의 내부〉

44

얼룩소처럼 두 색이 어우러진 하늘,
헤엄치는 송어의 온몸에 점점이 박힌 장미 반점,
갓 불붙은 석탄 같은 떨어진 알밤들, 핀치 새의 날개,
구획되고 나누어진 농촌 풍경 – 목초지, 휴한지, 경작지,
그리고 다양한 삶의 직업, 그 연장, 도구, 장비,
그 모든 것을 찬미하라.

제럴드 맨리 홉킨스, 〈알록달록한 아름다움〉

45

하얀 달이 빛나는 숲속에서 우거진
가지마다 잎사귀 사이로 흐르는 목소리.

오, 사랑하는 사람아.

깊은 겨울 연못에 드리운 버드나무의
검은 그림자는 바람에 흐느끼네.

아, 지금은 꿈꾸는 때.

별들이 무지갯빛으로 반짝이는 하늘에서
크고 포근한 고요가 내려오는 듯,

아득한 이 시간.

폴 베를렌, 〈하얀 달〉

46

자연은 하나의 사원, 거기서 살아 있는 기둥들은
때때로 모호한 말들을 뱉고, 사람은 친근한 눈길로
자신을 바라보는 상징의 숲을 가로질러 그곳으로 들어간다.
어둠처럼 빛처럼 드넓으며
컴컴하고도 그윽한 통일 속에서
멀리서 섞이는 긴 메아리처럼
색과 향과 소리가 서로 화답한다.
어린아이의 살결처럼 싱그러운 냄새,
오보에처럼 아늑한 냄새, 초원처럼 푸른 냄새,
그 밖에도 썩은 냄새, 풍성한 냄새가 있고,
끝없이 확산하는 사물의 힘
보아라 용연향, 사향, 안식향, 훈향들
정신과 감각들이 하나 되어 노래한다.

샤를 보들레르, 〈교감〉

47

당신은 해당화 피기 전에 오신다고 하였습니다. 봄은 벌써 늦었습니다.
봄이 오기 전에는 어서 오기를 바랐더니, 봄이 오고 보니 너무 일찍 왔나 두려워합니다.

철모르는 아이들은 뒷동산에 해당화가 피었다고 다투어 말하기로 듣고도 못 들은 체하였더니,
야속한 봄바람은 나는 꽃을 불어서 경대 위에 놓습니다그려.

시름없이 꽃을 주워서 입술에 대고 '너는 언제 피었니' 하고 물었습니다.
꽃은 말도 없이 나의 눈물에 비쳐서 둘도 되고 셋도 됩니다.

한용운, 〈해당화〉

48

잃어진 그 옛날이 하도 그리워
무심히 저녁 하늘 쳐다봅니다.
실낱같은 초순달 혼자 돌다가
고요히 꿈결처럼 스러집니다.

실낱같은 초순달 하늘 돌다가
고요히 꿈결처럼 스러지길래
잃어진 그 옛날이 못내 그리워
다시금 이 내 맘은 한숨 쉽니다.

김억, 〈옛날〉

Q. 당신에게 '빛나는 감각'은 무엇인가요?

― 오감 중에서
당신이 가장 좋아하는 감각은 무엇인가요?

Q. 시를 따라 쓰며 발견한 '새로운 당신'은 어떤 사람이었나요?

– 눈과 귀, 코와 입, 피부로는 감각할 수 없는
'새로운 당신'의 여섯 번째 감각기관은 무엇인가요?

4장

사랑의 깊이를
쓰다

사랑은 가끔 모르는 사람이 잘못 보낸 연애편지 같은 것.

열어보면 안 된다는 걸 알고 있지만,

무릎 위에 놓인 이 편지를

어떻게 안 열어볼 수가 있겠어요?

여기
수천 가지 풍경을
겹쳐놓은 필름이 있습니다.

가만히 보고 있으면 처음 보는 사람의 얼굴로도, 어느 오래된 문양으로도, 태어나 처음 보는 창밖처럼도 보이네요.

뭐라고 불러볼까요?

딱 한 번 우연히 마주쳤을 뿐인데
좋은 곳에 가면, 맛있는 걸 먹으면, 기쁘거나 슬플 때면 여지없이 떠오르고 마는 이것을.

너무 예뻐서 주머니에 넣고 다니면서 자랑하고 싶은 이 것을.

제자리에 가만히 두면 되는데 두고 올 수가 없어서 잃어버릴까 전전긍긍하다가 결국 심장과 자리를 바꿔

버린 이것을.

사람의 한 손에 심장을 쥐여주고 가슴 한복판에서 대신
뛰고 있는 이것을요.

뭐라고 불러볼까요?

모든 길을 당신에게 가는 길로 바꾸고,
모든 잠을 당신을 빌린 현실로 바꾸고,

눈을 떠도 눈을 감아도 여전히 여기 있는 당신을
그리고 당신이 있어서 나도 있게 된 지금을

이 낯설고도 달콤한 세상을

뭐라고 부르면 영원한 대답을 들려줄까요.
당신을 부르기 위해 당신 아닌 모든 것의 이름을 불러
왔어요.

영원히 어긋나며 영원히 가까워지는 우리.
나는 여전히 당신이 누구인지도, 어디서 내게 왔는지도
알 수 없지만.

49

그리고 나는 짓찧어진
맨드라미 즙을
나막신 코에 문질렀다
발이 부르트고 피가 배어 나와도
이 춤을 멈출 수 없음을 예감하면서
님께서는 오직 사랑만을 발명하셨으니

송찬호, 〈분홍 나막신〉 중 일부
《분홍 나막신》, 문학과지성사, 2016.

50

여름이 오려면 당신이 필요하다
모두가 숙소로 돌아간 뒤에
당신이 나를 기다린다면 좋겠다

파도가 치고 있다
누군가는 고래를 보았다며 사진을 찍거나
주머니에서 만년필을 꺼내겠지만

고래는 너무 커서 밑그림을 그릴 수 없고
모래는 너무 작아서 부끄러움을 가릴 수 없다

바다가 보이는 방에서 두 사람을 기다린다
그들이 오면 여름은 지나가고
방문을 열면 해변이 사라져서
나는 아무것도 못 그리겠지

그래도 당신과
오리발을 신고 있겠지

민구, 〈여름〉 중 일부
《당신이 오려면 여름이 필요해》, 아침달, 2021.

51

당신을 어떻게 사랑하느냐고요? 헤아려보죠.
비록 보이지는 않지만 존재의 끝과
영원한 영광에 내 영혼이 이를 수 있는
그 도달할 수 있는 곳까지 사랑합니다.
태양 밑에서나, 또는 촛불 아래서나,
매일의 얇은 경계까지도 사랑합니다.
권리를 주장하듯 자유롭게 당신을 사랑합니다.
칭찬에 돌아서듯 순수하게 당신을 사랑합니다.
오래전 슬픔에 쏟았던 정열로써 사랑하고
내 어릴 적 믿음으로 사랑합니다.

엘리자베스 브라우닝, 〈당신을 어떻게 사랑하느냐고요?〉

52

활짝 편 손에 담긴 사랑, 그것밖에 없습니다.
다듬지도 않았고, 다칠까 봐 숨겨두지도 않았습니다.
누군가 당신에게 앵초풀꽃이 가득한 모자를 내밀듯이,
아니면 치마 가득히 사과를 담아서 주듯이,
나는 당신에게 그런 사랑을 드립니다.
"내가 무얼 갖고 있나 좀 보세요! 이게 다 당신 거예요!"
아이들처럼 외치면서.

에드나 빈센트 밀레이, 〈활짝 편 손으로 사랑을〉

53

나는 아니지만, 그대는 여전히 살아 있다.
바람은 하소연하고 울부짖으며
숲과 오두막집을 뒤흔든다.
아주 끝없이 먼 곳까지,
한 그루 한 그루씩이 아닌,
모든 나무를 한꺼번에.
마치 어느 항구의 겨울 같은 수면 위에
떠 있는 선체를 뒤흔들듯.
이 바람은 허세나 분노가 아니라,
당신을 위한 자장가와 노랫말을
이 슬픔 속에서 찾기 위함이다.

보리스 파스테르나크, 〈바람〉

54

이 방에서 저 방으로,
우리는 집에서 숨바꼭질을 한다.
내 심장아 너는 걱정할 것 없어,
내 마음아 너는 꼭 찾고 말 터이니,
그다음에는 그녀의 문제가 아닌, 그녀 자체를.
커튼과 소파에서 나는 향수 냄새,
그 향수를 닦자 처마 끝에
매달린 꽃 장식이 새롭게 피어났다.
맞은편 거울에서 모자의 깃털 장식이 반짝이고 있었다.

로버트 브라우닝, 〈평생의 사랑〉

55

나는 당신을 사랑합니다.
그저 당신이 어떤 사람이어서만이 아니라,
당신과 함께 있을 때, 내 자신이
어떤 사람이 되는지도 사랑합니다.

나는 당신을 사랑합니다.
당신이 만들어낸 존재로서만이 아니라,
당신이 나를 어떻게 만들어가는지도 사랑합니다.
나는 당신이 내 안에서 끌어내는 나의 모습을 사랑합니다.

메리 캐롤린 데비스, 〈사랑〉 중 일부

56

내 마음은 노래하는 새 같아요.
물가의 가지에 둥지를 튼.
내 마음은 사과나무 같아요.
주렁주렁 열매가 열려 휘어진.
내 마음은 무지갯빛 조가비 같아요.
고요한 바다에서 노를 젓는.
내 마음은 이 모든 것들보다 행복해요.
내 사랑이 찾아와,
내 삶이 시작되었으니까요.

크리스티나 로제티, 〈생일〉

57

밤에 누워 있다가 스르르 잠든 나는
내 슬픈 침대에 애인이 눕는 걸 보았다.
아련한 백합 꽃잎, 또는 꽃의 머리처럼 창백하고,
보들보들하고 흐릿한 살결과, 깨물고 싶은 목덜미
붉어지기엔 너무 창백하고, 창백해지기엔 너무 따뜻한,
희지도, 붉지도 않아 완벽한.
그리고 그녀가 말하길,
저는 즐거움 빼고는, 아무것도 몰라요.

앨저넌 스윈번, 〈사랑과 잠〉 중 일부

58

벗은 설움에서 반갑고
님은 사랑에서 좋아라.
딸기꽃 피어서 향기로운 때를
고초의 붉은 열매 익어가는 밤을
그대여, 부르라, 나는 마시리.

김소월, 〈님과 벗〉

59

나의 사랑이 먼저였지만,
어느새 당신의 사랑이 나를 넘어섰지요.
마치 내 작은 비둘기의 울음을,
가려버릴 만큼 고귀한 노래처럼.

누가 더 많이 사랑했을까요?
내 사랑은 오래되었고, 당신의 사랑은
한순간 더 세게 깊어졌지요.

그러나 사랑에 있어서,
누구의 무게를 재는 일은 잘못이지요.
진정한 사랑에는
내 것도 네 것도 없으니까요.

크리스티나 로제티, 〈나의 사랑이 먼저였지만〉

60

손가락 사이에 보석을 쥐고,
잠에 들었지.
날이 따듯하고, 바람도 조용해서,
"어디로 사라지진 않겠지"라고 말했지.

잠에서 깨어나니,
내 손은 텅 비어 있었네.
남은 것은 사라진 보석을 대신하는
희미한 보랏빛 기억뿐.

에밀리 디킨슨, 〈잃어버린 보석〉

61

기차는 아무 새로운 소식도 없이
나를 멀리 실어다 주어,

봄은 다 가고, 동경 교외 어느 조용한 하숙방에서
옛 거리에 남은 나를 희망과 사랑처럼 그리워한다.

오늘도 기차는 몇 번이나 무의미하게 지나가고,

오늘도 나는 누구를 기다려
정거장 가까운 언덕에서 서성거릴 게다.

– 아아 젊음은 오래 거기 남아 있거라.

윤동주, 〈사랑스런 추억〉 중 일부

62

나한테 멀어질까?
절대 아니야,
사랑하는 이여.

내가 나이고, 네가 너인 한,
이 세상에 우리가 존재하는 한,
내가 사랑하고, 네가 머뭇거리더라도,

네가 피하면, 나는 뒤따르리라.
그렇게 우리는 살아가고, 사랑하게 되리라.

로버트 브라우닝, 〈사랑에 빠진 삶〉

63

사랑하는 이들이 만나는 바위를 보네.
달콤한 길을 숨긴 들장미와 함께,
그곳에서 처음 사랑의 맹세를 속삭였고,
하늘의 별들에게 안도의 한숨을 내쉬었지.

낮게 흔들리는 나뭇가지 사이로 부는 바람은
밑에서 뛰는 마음을 전해주고,
여름 달이 밝게 빛날 때면,
그들은 부드러운 황혼 속 그곳을 거닐곤 하네.

헨리 워즈워스 롱펠로우, 〈연인의 바위〉 중 일부

64

나는 그대를 사랑한 것을 후회하지 않아,
아, 내가 소년으로서 무엇을 할 수 있었을까?
배고픈 세월이 이빨로 우리를 갉아먹고,
말 없는 발걸음의 시간들이 쫓아오더라도.

우리는 배 없이 폭풍 속을 떠다니고,
젊음의 폭풍이 지나가면
비파도, 류트도, 합창도 없이,
마지막엔 조용히 죽음이 온다는 걸 알아.

아! 그대를 사랑하는 것 말고,
내가 할 수 있는 게 또 무엇이 있었을까?
나는 내 선택을 했고, 내 시들을 살았으며,
비록 젊음은 허비된 날들 속으로 사라졌지만,
나는 월계관 대신 연인의 왕관이
시인의 월계관보다 더 귀하다는 것을 깨달았네.

오스카 와일드, 〈사랑의 꽃〉 중 일부

65

샘물은 강물과 하나가 되고,
강물은 다시 바다와 섞인다.
하늘의 바람은 영원히,
달콤한 감정과 섞인다.
이 세상에 혼자인 것은 없다.
만물은 신성한 하나의 영혼으로 섞이는데,
왜 나는 당신과 하나가 되지 못할까.

산은 높은 하늘과 입을 맞추고,
파도가 서로 껴안는 것을 보라.
어떤 누이 꽃도 용서받지 못하리라,
만일 자신의 오빠 꽃을 업신여긴다면.
햇빛은 대지를 끌어안고,
달빛은 바다에 입을 맞춘다.
허나 이 모든 달콤함이 무슨 소용인가,
그대가 내게 입을 맞추지 않는다면.

퍼시 비시 셸리, 〈사랑의 철학〉

66

내가 그다지 사랑하던 그대여
내 한평생 차마 그대를 잊을 수 없소이다
내 차례에 못 올 사랑인 줄은 알면서도
나 혼자는 꾸준히 생각하리다

자, 그러면 내내 어여쁘소서

이상, 〈이런 시〉 중 일부

Q. 당신이 생각하는 사랑은 어떤 모습을 하고 있나요?

- 사랑을 부르는 당신만의
호칭은 무엇인가요?

Q. 당신 안에서 사랑이 시작된 때는 언제인가요?

- 당신에게 사랑은 어느 날 갑자기 찾아왔나요,
  아니면 곁에 천천히 스며들듯 나타났나요?

5장

함께의 깊이를 쓰다

나의 시간이 당신의 시간과
겹쳐지는 순간 생겨난 아주 오래된 빛.
이름을 부르지 않아도 서로를 알아보게 된 존재들,
우리는 이미 함께하고 있어요.

**저는 누리에게 사랑을 배웠습니다.
하얗고 조그만 강아지였어요.**

스무 살을 살고 더 큰 자연으로 돌아갔지만, 저는 여전히 누리와 함께 있어요.

깊은 밤 거실에서 잠든 누리가 깰까 봐 든 까치발을 천천히 다시 내려놓을 때, 새벽녘 닫아둔 방문을 같이 자자고 살살 긁어보는 발톱 소리가 들릴 때,

그럴 때면 누리가 여전히 저와 함께 있음을,
내가 여기 있다는 것이 누리의 있음이기도 하다는 것을 알게 됩니다.

그러니까 이건 강아지 이야기가 아니에요.
고양이 이야기도 아니고, 새 이야기도, 도마뱀 이야기도 아닙니다. 물론 고무나무나 아레카야자 이야기도 아네요.

이미 우리가 되어버린 너와 나의 이야기입니다.
여러분을 가장 먼저 마중 나오고, 가장 멀리까지 배웅할

눈부신 가족.
눈 감을 때면 언제나 옆에 와 있는 사랑.

당신.

우리의 곁은 다 내어줘도 더 내어줄 자리가 남아 있어요.
이 페이지에서 당신과 내가 함께하듯이

우리는 또 만나게 될 겁니다.

여기든,
여기가 아니든요.

67

고양이와 함께 산 다음부터 고양이 얘기 아니면 할 얘기가
없게 됐어요 앞으로 남은 평생 고양이 얘기만 해도 되냐고
신에게 물었어요 그러지 말라네요 내가 고양이도 아닌데 당
신은 어떻게 나를 좋아했나요 아직도 좋아하나요

김승일, 〈항상 조금 추운 극장〉
《항상 조금 추운 극장》, 현대문학, 2022.

68

여름에 가장 좋아하는 건, 개가 당근을 아사삭 씹는 소리를 듣는 것. 안 봐도 알지. 얼마나 맛있게 아껴 먹고 있을지.

반만 씹고 반은 바닥에 놓았다가 천천히 아득하게 다시 달달한 붉음을 어떻게 씹고 있을지.

당근의 꽃을 개는 본 적 없고, 작은 잎이 젖히고 갈라지는 걸 궁금해할지 모르겠지만 당근의 맛은 정확히 구별할 줄 아는 개, 너를 지켜보는 여름날의 오후가 얼마나 중요했는지.

외출 후 가방을 내려놓으면 가장 먼저 머리를 박고 가방을 뒤적거리는 너에게 당근을 멀리 던져주는 일.

도무지 당근을 좋아할 수 없지만 사람들을 만나면 말했지. 당근을 좋아하는 개는 안다고. 그러니까 나도 좋아한다고.

거기에도 있을까. 풀숲이, 도요새가, 천사가?
거기에도
당근이 있을까.

김소형, 〈당근〉
《좋은 곳에 갈 거예요》, 아침달, 2020.

69

멀어지는 날이면 어김없이 바람이 불 거야
너의 꼬리를 쓰다듬을 때마다
우리가 함께하는 시간이 짧아지고,
내가 너의 안부를 아무리 물어도,
닿을 수 없는 날도 올 거야
늦봄, 너의 앞니 수를 세어보는
그런 날에는
하루도 두리번거리지 않고
내가 찢을 수 있는 마음만 들기를
별거 아닌 애정이 아니었다고,
너의 건재함을 확인할 수 있도록
당부의 글을 남길 수 있도록
두근거리는 인간을 사랑해줘서 고마워

김하늘, 〈Pit a pat〉
《그대 고양이는 다정할게요》, 아침달, 2020.

70

가장 아름다운 나뭇가지를 골라 나무를 그리세요,
새를 위해.
푸른 잎사귀와 싱그러운 바람과, 햇빛의,
반짝이는 금빛의 부스러기까지도 그리세요.

그리고 뜨거운 여름날의 벌레 소리를 그리세요.
이젠 새가 마음먹고 노래하기를 기다리세요.
만약 새가 노래하지 않는다면, 그건 나쁜 징조예요.
그 그림이 잘못되었다는 징조예요.

새가 노래한다면, 그건 좋은 징조예요.
그러면 당신은 살며시 살며시,
새의 깃털 하나를 뽑으세요.

그리고 그림 한구석에,
당신의 이름을 쓰세요.

자크 프레베르, 〈어느 새의 초상화를 그리려면〉 중 일부

71

너는 평온하고, 고귀하다.
나는 네가 사랑과 의무를
계속할 수 있음을 안다.
세상이 모두 어그러져도,
아름다움을 느끼는 마음은
더욱 가득 차고 강해진다.

그러니, 나는 지금, 나의 강아지인
너를 축복하고, 맹세하노니,
시인의 감정은
너를 위해 더욱 깊어지며,
다가올 날들은
더 많은 사랑과 치유를 깨우리라.

엘리자베스 브라우닝, 〈나의 강아지, 플러시에게〉 중 일부

72

귀뚜라미와 나와
잔디밭에서 이야기했다.

귀뜰귀뜰
귀뜰귀뜰

아무에게도 알으켜 주지 말고
우리 둘만 알자고 약속했다.

귀뜰귀뜰
귀뜰귀뜰

귀뚜라미와 나와
달 밝은 밤에 이야기했다.

윤동주, 〈귀뚜라미와 나와〉

73

산책로에 내려온 새 한 마리가 내가
보는 줄도 모르고 벌레를 깨물어 먹었지.

그리고 풀밭에서, 이슬을 한 모금 마셨지.
그런 뒤 옆으로 뛰어 성벽으로 가서,
딱정벌레에게 길을 비켜주었지.

빠르게 사방을 훑는 그의 눈초리는,
내게 깨진 구슬처럼 보였지.

벨벳 같은 머리를 흔들고,
조심스럽게 깃털을 다듬고 날개를 펴더니,
날아오르려는데, 나를 두려워했지.

내가 손에 꿀을 담아 내밀자,
그는 날카로운 날개로 나를 치며,
나무 위로 날아 올라갔지.

에밀리 디킨슨, 〈산책로에 새 한 마리가〉

74

마당에 라일락이 마지막으로 피었을 때,
서쪽 밤하늘에 큰 별이 일찍 질 때,
나는 애도했지, 그리고 봄이 돌아올 때마다도 계속.
끝없이 되돌아오는 봄이 나에게 가져다준 것은,
영원히 피는 라일락과 서쪽에 늘어진 별과,
내 사랑하던 그를 생각하는 마음.

월트 휘트먼, 〈라일락이 마지막으로 피었을 때〉 중 일부

75

달이 집 안의 시계처럼 나타난다.
벽 위의 도둑들에게도, 거리와 들판,
항구의 부두에도, 나뭇가지에 잠든
작은 새들에게도 빛을 비추며.

울부짖는 고양이와 끽끽거리는 쥐,
집 문 앞에서 짖는 개,
한낮에 침대에 누운 박쥐까지,
모두 달빛 아래 나오는 것을 좋아하네.

하지만 한낮의 것들은 달의 빛을
피해 잠자리에 들고.
꽃과 아이들은 눈을 감으며,
아침 해가 떠오를 때까지 기다리네.

로버트 루이스 스티븐슨, 〈달〉

76

가을이여, 안개와 달콤한 과실로 풍족한 계절이여.
익어가는 태양의 친한 벗이여.
너는 태양과 함께 포도 넝쿨을 열매로 채우고,
처마 둘레를 감싼 포도들을 무겁게 하며,
사과나무 가지들을 숙이게 하며,
열매를 속까지 충만하게 하네.
호박을 불룩하게 하고, 개암을 살찌우며,
달콤한 알맹이로 채우고, 벌들을 위해서
늦은 꽃망울까지 돋게 하니, 그들은
따뜻한 날이 끝나지 않을 듯 생각하리라.

존 키츠, 〈가을이여〉 중 일부

77

벌은 두려워하지 않는다.
벌은 나를 두려워하지 않는다.
나비와 나는 이미 서로 알고 있다.
숲속의 아름다운 존재들은
나를 따뜻하게 맞아준다.

내가 오면, 시냇물은 더 크게 웃고,
바람들은 더 광란처럼 흔들린다.
내 눈은 너의 은빛 안개를 보고 있다.
오 여름날이여!

에밀리 디킨슨, 〈벌은 두려워하지 않는다〉

78

내 곁에 머물러라, 날아가지 말아라!
조금만 더 내 눈앞에 머물러라.
나는 너를 보며 많은 이야기를 찾는다.
나의 어린 시절을 기록한 생생한 연대기여.

내 곁을 떠돌아라, 아직 떠나지 말아라!
죽은 시간도 너를 보면 되살아난다.
이다지도 즐거운 존재인 너는,
내 마음에 장엄한 모습으로 온다.

윌리엄 워즈워스, 〈나비에게〉

79

벽 틈에 핀 작은 꽃이여,
그 틈에서 나는 너를 빼내었다.
뿌리째 너의 전부를 내 손에 들고,
작은 꽃아.

만약 내가 너라는 존재를,
뿌리부터 속속들이, 온전히
이해할 수 있다면,
신과 인간이 무엇인지도,
알 수 있겠지.

알프레드 테니슨, 〈틈에 핀 작은 꽃〉

Q. 당신에게 '함께'를 느끼게 하는 존재는 누구인가요?

- 눈앞에 있는 존재인가요?
아니면 눈앞에 없는 존재이기도 한가요?

Q. 당신에게 '함께'는 어떤 의미인가요?

- '함께'로 가득하던 시절,
그 시절을 떠올리면 어떤 생각이 들곤 하나요?

돌아오는 마음

그런 날이 있습니다.

여느 날처럼 집에 돌아와 불을 켜고 가방을 내려놓았지만,

마음은 여전히 어딘가 먼 곳에서 천천히 걸어오고 있는 것만 같은 날이요.

그럴 때면 우리는 속절없이 손부터 움직이게 됩니다.

이불을 괜히 한번 쓸어볼 수도, 어젯밤 다 읽고 덮어둔 책을 다시 들춰볼 수도 있겠습니다.

하지만 마음은 여전히 소식이 없고,

우리는 어느 새벽 거리에 나와 부연 안개를 바라보듯 적막한 방을 돌아보게 됩니다.

필사는 그런 자리에서 시작됩니다.

따라 쓰는 동안 어지러웠던 생각은 가라앉고, 흩어졌던 감정은 하나의 목소리로 모입니다. 오늘의 나와 어제의 내가 잠시 화해하고, 내일의 내가 조용히 자리를 정리하는 밤이 찾아옵니다.

쓰는 일은 결국, 마음이 집으로 돌아오는 길을 비춰주는 작은 불빛을 지켜주는 일이겠습니다.

글자를 따라 쓰고, 단어를 붙잡고, 잊고 있던 나의 속도를 다시 생각합니다.

그렇게 마음보다 먼저 도착한 손끝이 나를 깨우는 순간이 있습니다.

이 책을 덮는 지금,
당신의 마음도 오랜 제자리를 찾아 천천히 돌아오고 있기를 바랍니다.

삶의 어느 페이지에서라도 다시 당신을 만나게 된다면 기쁠 것입니다.

오늘도 당신의 속도로, 당신의 깊이로 잘 지내기를.

시적인 필사

초판 1쇄 발행 2025년 12월 10일

지은이 김종연
펴낸이 김상현

콘텐츠사업본부장 유재선
출판팀장 전수현 **책임편집** 심재헌 **편집** 윤정기 **디자인** 권성민 김예리
마케팅파트 이영섭 남소현 최문실 김선영 배성경
미디어파트 김예은 정선영 정영원 정수아
경영지원 이관행 김준하 안지선 김지우

펴낸곳 (주)필름
등록번호 제2019-000002호 **등록일자** 2019년 01월 08일
주소 서울시 영등포구 영등포로 150, 생각공장 당산 A1409
전화 070-4141-8210 **팩스** 070-7614-8226
이메일 book@feelmgroup.com

필름출판사 '우리의 이야기는 영화다'

우리는 작가의 문체와 색을 온전하게 담아낼 수 있는 방법을 고민하며 책을 펴내고 있습니다.
스쳐가는 일상을 기록하는 당신의 시선 그리고 시선 속 삶의 풍경을 책에 상영하고 싶습니다.

홈페이지 feelmgroup.com **인스타그램** instagram.com/feelmbook

ISBN 979-11-93262-81-8 (03800)